# The Gorgeous COLOURING BOOK

# The Gorgeous COLOURING BOOK

BEAUTIFUL IMAGES TO COLOUR AND ENJOY

ARCTURUS

ARCTURUS
This edition published in 2016 by Arcturus Publishing Limited
26/27 Bickels Yard, 151–153 Bermondsey Street,
London SE1 3HA



ISBN: 978-1-78599-454-8
CH005136NT
Supplier 37, Date 0216, Print run 5018

Printed in Romania

Created for children 10+

# INTRODUCTION

Colouring is one of the most relaxing and rewarding of pastimes. Use the images in this book to produce your own gorgeous artworks and patterns with coloured pencils.

Pencil colour is not as intense as paint, so it really helps to add layers. When using darker shades, work over the same area several times to produce a greater intensity of colour. Remember to think about tone; this can make the difference between a vivid or a subtle result.

Try varying the tonal marks of the pencils – cross-hatching, zigzagging or spiralling – to give your finished artwork an interesting texture.

As your confidence grows, you will become quicker and more expert and will soon have a portfolio of fantastic images to treasure.

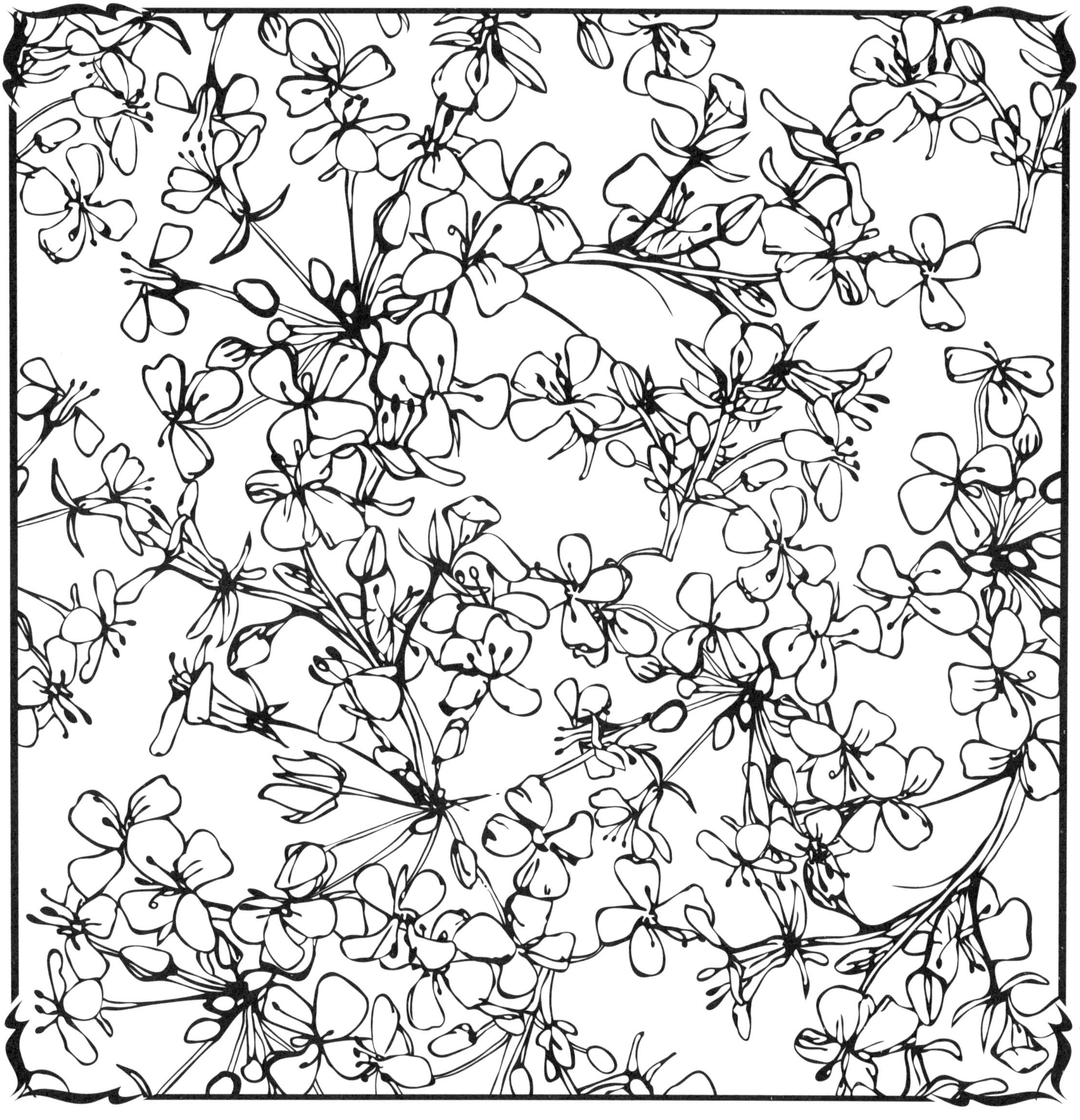

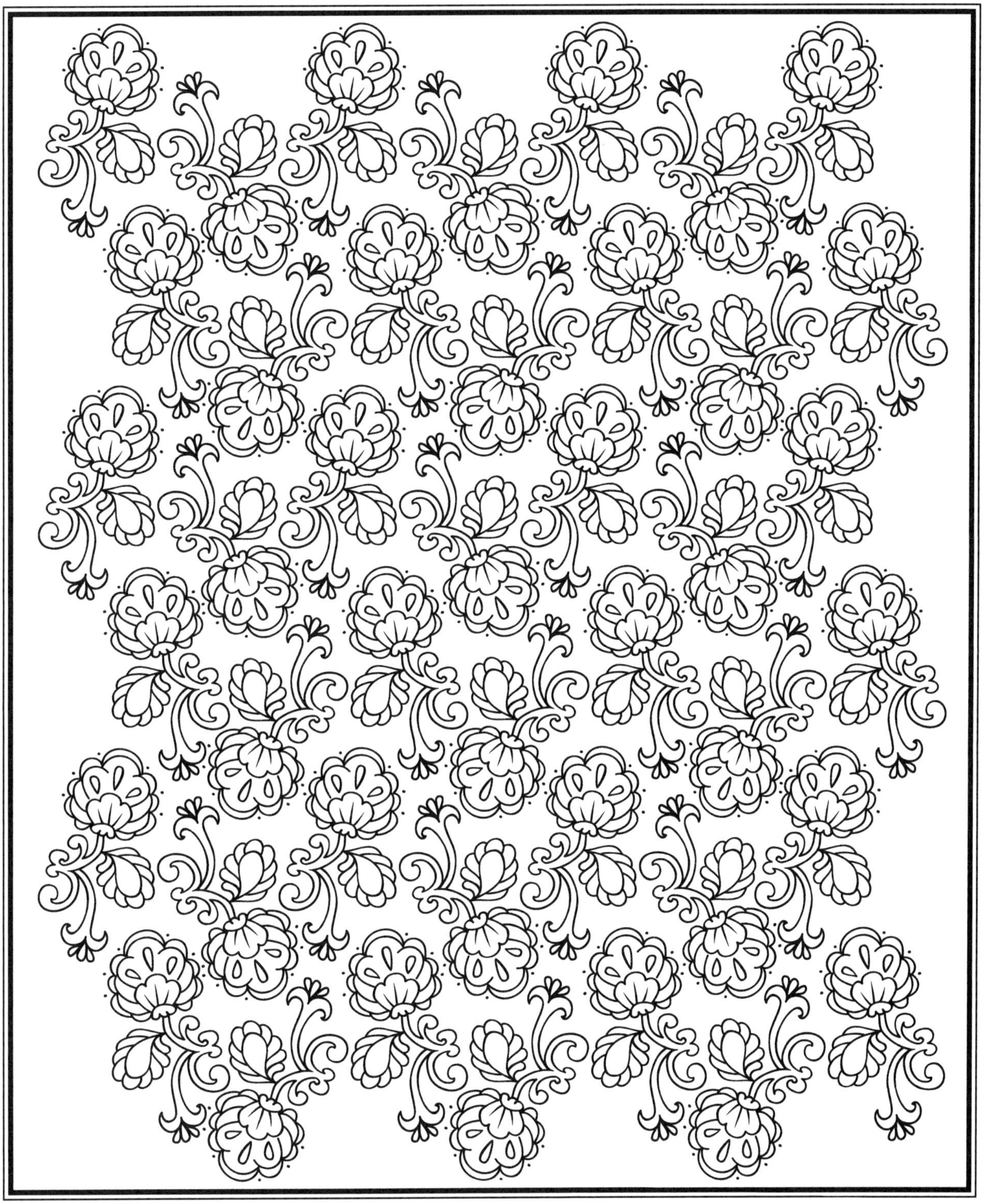